幸福國

Kyle Q Clark & Lilian Q 著

現今社會往往灌輸我們「努力就能成功」，
卻忽略了人們在出生時所面臨的不平等和限制。

現實中，
許多人的命運早在出生時就已經被決定，
他們無法改變自己的社經地位與家庭背景，
這些因素可能成爲他們成就夢想的巨大阻礙。
翻開這本書，讓我們一起出發尋找吧！
那是一個可以自由發揮所長，
不因出生時的經濟、地位而受到侷限的
幸福國度。

目錄

0.

雲霧飄渺的蓬萊山谷中，住著一群羽翼斑斕的鳥民，在先民的努力之下，他們逐漸建立起文明生活，無論是老鷹或小雞，大家都能在這座美麗的森林裡和平共處，並一起爲心目中的理想國度努力著。

今天，正好是四年一度的市議員大選，鳥兒們披著暮色自四方歸來，迫不及待同親友們一起觀看開票結果。對許多鳥民來說，今天的結果，可能會爲他們的生活帶來劇烈變化。

「現在開始公布這一屆市議會的議員名單……」

主持這場開票的是林中最歡迎的播報員大嘴鳥，他以宏亮的聲音爲大家揭示結果。

「第一位抽中的是……」

大嘴鳥瞇起眼等待電腦系統的隨機數據，接著，銀幕上出現的名字是……

1. 議會抽籤制

八年前，林園開始實行「議會抽籤制」，除了原本的直選名額外，每一屆地方議員選舉都會保留三分之一的席次，交由「抽籤」決定。身爲該地區的市民，只要修習相關學分並通過政府考核後，即可報名參選。

這樣新穎的制度大幅提升鳥民們對政治的關心，同時卻也引來許多反對聲浪。

「這實在是太荒唐了！」八哥看著新聞上的選舉結果，氣憤地說。

烏鴉悠悠地撇了八哥一眼，唸道：「你這傢伙，每次選舉完就要跑來我家抱怨，都退休了還這麼精力旺盛啊？」

「我認同這『議會抽籤制』有許多可取之處，但在實行上應該更謹慎一點吧？有看看這屆抽到的都是些什麼鳥？啄木鳥？那不是蓋房子的傢伙嗎？幹嘛跑來議會攪局？」

「好啦！」烏鴉受不了他這滿嘴抱怨的老同

事，他說：「蓋房子的有什麼不好？也許他能爲房屋改革帶來些新觀點。」

「別像上次那隻綠繡眼一樣，淨說些能力以外的願景，這些不了解政局的傢伙，還以爲替國家做事很簡單似的。」八哥滔滔不絕地說著。

「他現在在行政院擔任要職，表現得可好了。」烏鴉無所謂地回應著。

八哥見老同事這反應，嘆了口氣問：「所以你眞的可以接受這個制度嗎？」

「接受啊！」烏鴉笑道，他看著對面的老同事，覺得他們都老了好多。「還記得以前在議會上，我們烏鴉家族和你們八哥派系總是吵來吵去，凡事都爲反對而反對，現在想想那可不比現在正經。可是當時老覺得自己的立場很就是正義，因爲前輩們都是這樣教的。」

八哥沒有回應，他也記得以前和烏鴉對立的日子，他們都淪爲政黨的棋子，爲黨的理念發聲，而不是民衆的利益努力。

烏鴉又說：「我知道現在依然有些老鳥認爲『議會抽籤制』根本就是娛樂節目，但以前看我們兩派在議會上又是吵架又是打架的，也是荒唐。」

「你說的倒是。」想到過去一群八哥和一群烏鴉在議會裡鬧哄哄的景象，八哥不禁表示認同。「我想我只是不能接受這些沒有法政背景的鳥進入議會，總覺得這個神聖的領域被侵犯了。」

「以前規定不夠嚴謹，現在參選者都要修習相關學分、並通過政府考核，不會再讓那些只是湊熱鬧的鳥進來攪局。」烏鴉答道。

「我就是覺得這不夠，要是哪天剛好都抽到……」

「別擔心啦，還有三分之二的議員是民選的。」烏鴉打斷八哥，繼續說道：「而且你看，上次那位單親媽媽主張的觀點，就比以前我們任何一方提出的接地氣多了。」

「唉，對啦對啦。」八哥有些不甘願。他問：「我記得她這次是保障名額吧？」

「對啊，她帶來的實質影響很大，政府多半也是希望以這種方式，鼓勵議員們多做事、少耍嘴皮子，建立良好的執政風氣吧。」烏鴉說。

「烏鴉派和八哥派的鬥爭，看來是隨著我

們離開政壇，走入歷史囉。」八哥有些無奈地笑說。

「要不是這樣，你哪有時間來我家喝茶抱怨啊？」烏鴉回應。

「還說呢，要不是你提拔那鐵面無私的監察院長，我可還想繼續在政治圈裡撈油水呢。」八哥開玩笑地說。

烏鴉看著這位昔日敵人、今日老友，意味深長地笑著說道：「我們都老啦！」

議會抽籤制

如今地方選舉很容易遭到地方派系或是政黨把持，代議士並不能真正代表當地人民的心聲，而弱勢團體就算有好的議題值得討論，往往沒有發聲的機會。

因此與其讓地方流氓或是黨派綁架議會，不如以抽籤的方式決定民意代表。如此一來，即使是貧困的單親媽媽也有參與政治的機會，提出人民真正關心的問題。

在一個理想的社會中，地方議會將有三分之一交由抽籤決定，當然參選人仍須通過簡單的憲法考試，以確保其具備基本的法律知識。適逢每期議會改選，過去有實質貢獻者也可以得到保障名額，鼓勵代議士為社會奉獻，地方議會才能建立良好風氣。

2. 監察權與司法權的獨立

說起那鐵面無私的監察院長，烏鴉還清楚地記得那一日的場景。

那日，他獲得黨內的支持成為主席，為了謀劃未來的執政方向，他請來立場中立的五色鳥商討，然而，五色鳥的第一個提案就出乎意料之外。

「我們應該要讓『監察權獨立』這件事進行全民公投。」五色鳥不帶感情地說出這句話。

「可是現在輿論的方向是廢除監察權，反向操作，恐怕不是個好主意。」烏鴉對此感到有些遲疑。

但是五色鳥的表情十分認真，他說：「大家會想要廢除監察權，不是因為監察權本身沒有意義，而是它在現行制度下沒有產生功用。」

「你的意思是，目前監察院只有調查權而非裁決權，所以作用不大嗎？」烏鴉問。

「這當然是一個原因，但更重要的是，只要監察院長還是由總統指派的，那麼他就很難起到代替全體公民監督政府的功用。因爲正常來說，大家都不會找自己長官的麻煩，那等於是拿自己的未來開玩笑。」五色鳥解釋。

烏鴉若有所思地看著五色鳥，他知道五色鳥說的很有道理，可是讓這件事進行公投，恐怕會讓他黨主席的地位受到動搖。

良久，他問：「所以你所謂的監察權獨立，就是不能由總統指派院長囉？」

「是的，這必須透過全民直選產生。」

烏鴉搖了搖頭，說：「大家不會同意的。」

「政府官員不會同意，但民衆會。黨派鬥爭在我們國家已經太嚴重，大家需要一個公正透明的監察機關，而對你們在野黨來說，要想重新贏得民心，這也將會是一個絕對有利的做法。」五色鳥振振有詞地說道。

烏鴉再度陷入沉默，他在心中衡量著利害關係，抬頭看著眼神堅韌的五色鳥，想起自己也曾經懷抱著理想和抱負，卻不知怎麼，成爲黨的棋子，做什麼事說什麼話，都要以黨的利益爲優

先，忘了自己應該是來替鳥民們服務的。

終於，烏鴉開口：「那麼，這名參選者也不能擁有政黨背景對吧？」

五色鳥沒有想到烏鴉真的打算採納他的意見，驚訝之餘，趕緊點點頭說：「我是這麼認爲的，只要曾經有過政黨背景，就很容易被黨內思想所影響，也會有人情壓力。」

「這我太了解啦。」烏鴉以只有自己聽得到的音量低聲說道。

「除了『監察院長直選』外，我認爲讓『監察資料透明化』也是很重要的部分。政府官員的職責是爲民衆服務，所以這些內容本來就應該公開。」五色鳥說。

「我明白了。」烏鴉說，「總而言之，我們會想辦法讓這個議題進行公投的。」

「太好了！」五色鳥沒有表情的臉上難得露出一點期待，他緊接著說：「就算一開始不成功也沒有關係，只要這個議題開始受到大衆討論，慢慢就會開始發酵，大家也會意識到，只有監察權的獨立，才能保障政府各項政策有效的被討論、執行⋯⋯」

烏鴉突然想到了什麼，打岔道：「這麼說起來，司法權應該也是同樣的道理。」

「你說的沒錯。」五色鳥聲明道：「司法權與裁決的公平正義密切相關，只要有了偏差，就如骨牌效應，很多事情都會跟著走樣。」

他們你一言我一語地說著這項改變可能帶來的好處與壞處，隨著話題越演越烈，他倆彷彿回到那個還對理想抱有熱情的年歲。

後來，第一屆監察院長民選順利舉行，過去被掩蓋的弊案逐漸浮上檯面，也警惕著後來的官員們認真做事。隨著相關監察資料的公開透明化，鳥民們也越來越熱衷於參與討論，幾年後，司法權也順利獨立出來，和監察權相輔相成，監督著政府。

三權分立與五權系統

在三權分立的架構中，當立法、司法、行政有效相互制衡，就能免於產生偏差，若再加上監察權與考試權的作用，更能達到相輔相成的效果。

監察權獨立

在當今三權分立的國家中，監察權多半歸屬於司法權，因此當其中成員存在特定立場時，容易衍生許多不公正的問題。所以監察權應該獨立於三權之外，授與全體公民監督政府官員的權力，這包含「全民直選監察院院長」、「監察資料透明化」等。

藉由民眾直接選舉出監察院院長，能確保監察權獨立於執政者之外。同理，也應規範被選舉人不得參加過任何政黨，避免產生聽命於政府的政治操作行為，危害公民利益。

在許多國家中，考核和監督的權力都是隸屬行政或司法體系，但多數小人物並不願意挑戰長官而犧牲自己的未來，如此又怎麼做好監督的責任？

以香港為例，過去廉政公署只需要對英國女王和港英政府最高領導負責，不受其他部門制約，誰也買通不了，如今歸於行政體系後就產生許多瑕疵，直接與間接的影響了社會環境。

因此，廉政公署應直屬於監察院，位於行政單位的廉政公署，等於跛腳又缺手。

監察權是審核執政者的標竿，當在位者不適任時，無論其職位高地皆能經由彈劾直接下台。因此要想身處一個廉政清明的政治環境，首先必須讓這份公權力妥善運用。

司法權獨立

除了確保監察權的獨立，司法權對保

障五權系統的運作亦十分重要，在執行與解釋法律的過程中，若產生了一點偏差，都可能影響到公平正義的結果。

因此司法院院長的參選人，應為無政黨或退出政黨十年以上之人，否則其政黨背景容易造成不客觀的思想。

而選舉方式也應交由「全民直選」，避免總統提名產生之偏差。

3. 部會首長適任條件

多年後，五色鳥透過直選成爲幸福國的監察院長，他每天窩在自己的辦公室裡處理著公務，仔細地審視每一筆資料，這時，一陣敲門聲打斷了他的思緒。

「請進。」他向來不喜歡處理公事時被打斷。

「放下你手中的文件！來嚐嚐我們輔導栽培的新茶葉吧！」一隻體型嬌小的綠繡眼走進他的辦公室，以輕快的聲音說道。

「哦，是你啊綠繡眼，在經濟部還適應嗎？」五色鳥頭也不抬地打了聲招呼。

綠繡眼揮揮翅膀，答道：「比起那龍蛇雜處的市議會，經濟部果然是比較適合我。」他把茶葉放在桌上，接著又朝五色鳥喊了一句：「快來嚐嚐新茶葉啦！」

「好啦！」五色鳥不甘願地放下手中文件，走到會客區。他拿起綠繡眼準備的茶葉聞了聞，

說：「眞不錯！」

「那當然！由我指導的茶葉肯定優秀！」綠繡眼得意的說。

作爲一名農業博士，綠繡眼年紀輕輕就在學界取得很高的成就。本來應該專心在農業領域發展的他，幾年前適逢第一屆市議員抽籤制，於是抱著好玩的心態報名參加，結果不僅輕鬆通過考核，還意外成爲市議員，開啟了截然不同的生活模式。

「你不會想放著經濟部的事不做，回去種田吧？」五色鳥看著他充滿熱忱的眼神問。

綠繡眼搖搖頭。幾年前，他還會抱怨政府機關的繁瑣，一心想著卸任後就要回去種田，可是如今，他已經意識到自己肩負的責任，以及這個角色所代表的意義。

他說：「少了專業人才的經濟部，那些方針不過就是紙上談兵，說穿了，他們根本就不曉得產業運作是怎麼一回事，底下的百姓拼命做，上面政策卻不配合，那也是白搭。」

五色鳥應和道：「所以政府才會訂定新的『行政院組織條款』啊，爲了保障一定比例的自然科學人才來爲政府做事。」

「對啊，你可知道頒布這項條款的時候我有多高興。」綠繡眼說。

現行的行政部門中，首長依然交由執政黨進行任命，但主要的次長、主管，累計須包含一半以上的自然科學專業人士。有了這項規定訂定以後，行政部門風氣開始有了改變，對於經濟發展策略也更有遠見。

「以前我總覺得那些搞農林漁牧的鳥哪懂政治，但現在看來，懂民生，才是眞正懂治國。」五色鳥有感而發地說。

「相輔相成啦！你這監察院長可也要好好監督著才行！」

「那還用說！」

「不過總覺得一波未平一波又起，你應該也聽說考試院的事了吧？」綠繡眼問。

「嗯，看來我們正在經歷革命的時代呀。」

各部會首長適任條件

有了獨立公正的監察與司法系統，各部會首長的任命條件也應有所提升，以符合社會需求。

在內閣部門中，首長依然可以經由政黨任命，不需要特別限制，但是要確保其多元性。例如主要的次長、主管，需包含一半以上的自然科學專業人士，不能全數交由學法律和政治的人來擔任，因為當特定領域的人員比例過高，就會影響社會發展，且可能導致因熟悉法條而玩弄操作的結果。

4. 考試權的意義

教育部長貓頭鷹今天也是一如往常的眉頭深鎖，認眞翻閱著關於廢除考試院與否的各方觀點，秘書小鸚哼著歌端著茶走進辦公室，問道：「部長在忙什麼嗎？」

部長太過專心，以致於沒有發覺小鸚的步伐，被突如其來的發問嚇了一跳，說：「唉呀，你什麼時候進來的？」

「部長您太專心啦！這邊有經濟部送來的茶葉。」小鸚將茶水和點心放在部長桌上，撇見銀幕上的新聞，好奇地問道：「部長對廢除考試院有什麼想法嗎？」

「嗯……」部長遲疑了一下，回問：「你說呢小鸚？你們年輕人對這個議題怎麼看？」

「當然是主張廢除啊！」沒想到小鸚想都不想地說。

貓頭鷹是個開明的部長，也因此養成了秘書小鸚有話直說的性格。但聽到小鸚和自己完全相

反的意見，他還是微微皺了皺眉頭，表明自己的想法：「可是那是我們自古以來的傳統，考試院的存在是爲了處理公務人員的任用事宜，基本，但很重要。」

小鸚回答：「時代在進步，不能因爲是傳統就留下啊。我倒是同意將考試院併入行政院的說法，不但沒有損失，還能節省成本。」

「要是併入行政院很容易發生更多濫用職權的問題，監察權已經獨立了，我倒覺得對現在的考試院來說，最重要的不是廢除，而是轉型。」貓頭鷹部長說。

小鸚歪著頭問：「怎麼轉型呢？像另一派主張的，減少委員數嗎？」

貓頭鷹搖搖頭，從方才閱讀的文件中找出一份資料，說：「設立考試院的目的，除了能制衡行政院，更重要的是能確保階級流動的機會。就像古代的科舉制度一樣。」

「科舉？那不是被詬病爲一種僵化的考試制度嗎？」小鸚問。

「那是後期所用不善所導致的，你要知道，在這之前科舉也持續了一千三百年，有很多中下階層的知識份子是因爲這個制度才得到翻身的機會。」

「但我們現在這個社會已經很公平啦，大家要翻身應該也不缺管道吧？」

「你眞的覺得現在社會是公平的嗎？尤其是當考試院併入行政院以後。」貓頭鷹嚴肅地問。

「嗯……我想是吧……」小鸚被問的有些遲疑。

「以我們教育部爲例，訂定課綱應該是我們的權責，可是每當政黨輪替，行政院就要干涉課綱內容，他們是我們的上級機關，我們就算不認同，也不能眞的怎麼樣。」

小鸚一邊緩慢地點頭，一邊思忖著部長的話。他問：「爲什麼一定要改課綱呢？」

貓頭鷹部長解釋：「改課綱可以建立屬於他們黨派的意識形態，就像你剛剛說『科舉是僵化的考試制度』一樣，那是學校教的概念。好的教育制度應該是並列各種思想，讓學習者自行判斷對錯。」

「這麼說起來，部長您是想要把教育部獨立出來嗎？」小鸚有些激動地問。

「我是希望藉由這次的討論，讓教育部併入考試院下，這樣不僅能讓我們的職權獨立於行政體系之外，也能讓考選公務人員的標準更加一致。」

貓頭鷹部長藉著和小鸚的對話，更加堅定了自己的立場，他相信，讓考試權妥善的運作，並搭配獨立的教育體系，一定能讓社會的階級流轉更加順暢。為了實踐他的理想，他還有很多事情要忙呢。

考試權的意義——階級流轉

考試權代表了階級流轉，利於底層人民憑藉努力與能力改變所處環境。此舉不僅能幫助政府發掘底層人才，更能透過階級流動來穩定社會。

除此之外，教育部隸屬行政院是不恰當的，教育部應該直屬於考試院，避免政治人物或政黨觀念影響了教育的方向，使知識與地位取得成為上流社會的特權。任何的知識皆應以學問為主而非遵循課綱。若在教育系統中隨意廢除或修改課綱，容易形塑特定的意識形態。

大政黨制度的可悲之處，就是當黨膨大以後容易失去最初的理想，為了維持權力和體系而做出違背良心的事情。其中，利用意識形態創造仇恨就是一種手法，儘管共同敵人能較容易地使人團結，但是為了團結而引起仇恨是很可恥的。教育內容的編撰應該是能夠並列各種觀點，讓學習

者共同討論，使各家思想自由衍生，百家爭鳴，才是最理想的社會形態。

5. 教育制度

秘書離開後，貓頭鷹部長繼續整理手中的文件直到深夜，等他再度從文件中抬起頭來，時間已經將近午夜，他搭上安排好的計程車，準備回家好好歇息。

「貓頭鷹部長啊！」

睡眼朦朧之際，前方座位忽然傳出一陣熟悉的招呼聲，部長抬頭，看見後視鏡裡的白鷺鷥，驚訝地問：「白鷺鷥？你怎麼在這裡？」

白鷺鷥爽快地笑了幾聲，回答：「不想當醫生啦！轉換轉換跑道。」

「不想當醫生？開玩笑吧？您可是院長耶！」貓頭鷹不敢置信地說。

白鷺鷥平穩地開著車子，不疾不徐地說：「努力多年的健保制度現在已經成功上路了，我也算是放下心中大石，現在啊，我只想自由自在的過日子，你知道嗎？我從小就好想當計程車司機喔。」

貓頭鷹再度皺起他的眉頭，他不敢相信堂堂一名院長，會來開計程車。

於是他問：「您又跟衛福部吵架了吧？」

白鷺鷥輕笑了一聲，承認道：「對啊，這也是一個原因啦！就是跟那群鳥理念不合！爲了之前健保獎勵制的事情，身體都搞差了，想想我年紀也大了，革命的事情就讓年輕一輩去做吧！」

「什麼樣的革命呀？」貓頭鷹部長問。

「這個嘛……」白鷺鷥欲言又止，看了眼後照鏡裡的貓頭鷹部長，還是決定繼續說下去：「根據我的了解，在我們國家，醫學系的招生名額實際上是由衛福部管控的，對吧？」

「嗯……雖然表面上各學科的名額都是由我們教育部決定，但實際上，規劃醫療資源的配置和發展是衛生福利部的管轄範疇，所以他們主張醫療人力的供需狀況也應該由他們訂定，才能避免未來醫師供過於求的問題……」

「醫學生名額和醫師過剩才沒有關係，更不可能影響醫療品質。」白鷺鷥插嘴。

「這話怎麼說？」

白鷺鷥發覺自己有些失態，調整了一下自己

的坐姿，清了清喉嚨，答道：「首先，學習和工作是兩回事，有了醫學知識，可以選擇去做研究或是創新，眞的想當醫師那就憑本事通過考核，這跟一年收多少學生一點關係也沒有。」

貓頭鷹不是沒有思考過這個問題，他曾經遇過一名醫生，雖然取得了很高的社會地位，卻對於自己做的事情沒有熱忱，與其說靠著醫學專業爬到今天的位置，不如說是依賴周遭的人際網絡更恰當。作爲一名教育部長他也非常清楚，學生從小對自己夢想的設定，都和社會定義的「價値」脫不了干係，簡單來說，自己心中的火花是什麼，大部分的鳥民是不清楚的。

「其實我還是相信那句老話，行行出狀元，職業不應該有貴賤之分。」白鷺鷥感慨地說著，「很多醫院的同事不能理解我來開計程車的行爲，可是我始終認爲醫學知識只是我所擁有的能力之一，不代表我需要爲了那看似名貴的標籤，而一輩子在醫院裡埋頭苦幹。我現在這樣也挺好的，『開計程車的醫生』，聽起來就很有個性。」

說完，貓頭鷹部長從後視鏡裡看到白鷺鷥神

情中的滿足，滿足著自己能順從心意做喜歡的工作，不需要爲了社會觀感而隨波逐流。

一來一往的對話之間，車子已經緩緩駛近貓頭鷹部長家。

部長拖著疲憊的身子下了車，在關上車門以前，他對前方的白鷺鷥說：「『開計程車的醫生』，我也覺得這樣挺好的，代表我們幸福國是臥虎藏龍啊。」

教育制度—職業與職能

教育的目的應該是能夠提供人民謀生能力和階級流轉的機會。

教育也是一個人的權力，不應該限制什麼人能學、或不能學什麼，造成社會的扭曲，需要為了生存而去學習不想學習的內容。

舉例來說，由衛福部而非教育部決定每年入學的醫學生名額，是一件十分弔詭的事情，這種為了保障醫生收入而限制人數的做法，是不合乎憲法和公平正義原則的。

在理想的社會中，應該讓想學習的人有權力進入相關教育體系，至於能否學以致用，則是正式執業前才需要進行考核。就算最後醫生人數超過市場需求也無所謂，畢竟有了這項職能後，他可以選擇往研究領域發展，甚至不想當醫生選擇去開計程車也沒關係。

當一個社會裡的計程車司機是擁有醫

生資格的人，我們反而應該額手稱慶。

因此職業和人們所學習的專業不一定要百分之百一樣，更不是取得醫師執照就能有收入保障。職能應由個人興趣決定，職業則是另外一回事，這是兩種不同的階段。

6. 健保獎勵制度

前一晚和貓頭鷹部長的談話，讓白鷺鷥懷念起在醫院服務的日子，於是隔天一早，他決定回醫院看看老同事們。

他駛著自己的計程車來到醫院停車場，然後搭乘電梯進到醫院大廳，門一開，乾冷的空氣和消毒水的味道，讓他瞬間掉進回憶裡頭，忍不住深吸了一口氣。這時旁邊有人向他搭訕：「醫院的味道有這麼好聞嗎？」

白鷺鷥向一旁望去，看到一隻毛色漂亮的大嘴鳥笑咪咪地看著他。他答道：「沒有啦，只是好久沒來了，有點懷念呢。」

「我還是第一次聽到有鳥喜歡來醫院，」大嘴鳥歪著頭說，「還是你也是來領獎金的？」

「我以前在這裡工作，今天只是回來看看同事們。您是我們林園中的明星播報員吧？」

「唉呀，這樣也被認出來。」大嘴鳥明知自己醒目，卻還是忍不住說。

「所以你是來領健保獎勵金的嗎？」白鷺鷥問。

「對啊！我今年的健康檢查報告一切正常！除了返還的健保費，我還因爲積極參與運動活動，額外獲得果實一袋呢！」大嘴鳥舉起剛剛領到的果實，揮了揮自己漂亮的羽毛，開心地說道。

白鷺鷥理應恭喜這位得到「健康勳章」的大嘴鳥，但他忍不住好奇大眾對這項制度的看法，當年爲了推行這項『健保獎勵機制』，他可說是費盡心思，一路上也聽過不少反對的聲音，他雖然對這項制度有信心，偶爾還是會擔心成果不如預期。

因此他認眞地問道：「那你覺得這個機制怎麼樣？」

「我拿這麼多東西回家，當然不會說這個制度不好啊，哈哈哈！」大嘴鳥再度晃了晃手上的獎品，爽快地說：「以前我常常覺得繳那麼多健保費，結果卻因爲身體太健康，一整年都沒有使用到，眞是太浪費了！自從這個獎勵制度公告以後，讓沒有使用到醫療資源且身體健康者，可以退回大部分的健保費，眞是天大的好事啊！」

白鷺鷥聽完，鬆了口氣說道：「對啊，以前很多鳥會抱著『不看白不看』的心態，一點小毛病都要上醫院，結果醫療資源過度消耗，對健康也沒有實質的幫助。」

大嘴鳥點點頭，說：「以獎勵的方式鼓勵大家保持健康眞的比較有效！我老媽就是這樣！孤僻的他，現在竟然會跟左鄰右舍的老鳥們一起去參加體育活動，我太驚訝了！」

「心情好了，身體的問題就好一半了。」白鷺鷥欣慰地說。

「我每天都很開心，難怪身體這麼好，哈哈！」大嘴鳥得意道。

「所以要好好保持下去喔！」

白鷺鷥笑著和愛說話的大嘴鳥道別。上醫治未病，要是每個社會都能以這樣的方式鼓勵民衆自動自發地保養身體，那該有多好呀。

健保獎勵制度

現在的健康保險制度是變相鼓勵人民看病，因為大家都覺得自己繳了錢，要使用才划算，這種鼓勵看病的形式很容易造成醫療資源的濫用。且比較採用全民健保後的數據，人民並沒有因此更加健康。

在一個幸福而健康的國家裡，健保可以採用獎勵制度。每人每年一樣需要繳交健保費用，於此同時，醫療單位可以提供年度的簡易健康檢查，當一個人全年沒有使用到健保資源，但是體檢結果優良，不但可以退回健保費用，還額外予以獎金。這樣才能真正鼓勵人民把身體顧好，減少醫療浪費。

此外，舉辦政府或民間的體育活動時，也可以配合點數累計制度以換取獎金。與其將公費補助用於健保上，這樣的方式更能鼓勵人民參與體育活動，往健康的生活方式邁進。

7. 以資產爲基準的單一稅制

每年只要到了報稅季，就可以看到麻雀家族嘰嘰喳喳地忙碌著，他們是國家中主要的稅務官，房屋稅、所得稅、土地稅，繁瑣的內容讓他們沒有時間停下腳步。

這日下午，大嘴鳥拎著從醫院領到的健康果實，準備去給忙碌的老朋友麻雀補補身體。

「大嘴鳥！歡迎歡迎！」麻雀難得放下手上的工作，熱情地上前迎接老朋友。

大嘴鳥進門，看著凌亂的桌面說道：「你這兒眞是一團糟！」

「報稅季嘛，一下處理地價稅、一會兒又是燃料稅，還要盯緊那些可能會逃漏稅的家戶，唉喲眼睛都花了。」麻雀邊說邊將滿桌的東西往旁邊堆，好不容易空出個位子讓大嘴鳥坐下。

大嘴鳥勉強將自己塞進狹小的座位中，問：「去年不是聽你說，想要將稅金改爲『單一稅

制』了嗎？」

麻雀嘆了口氣，回答：「是啊，但中間碰到很多阻礙呀！」

說起單一稅制，是稅務官們討論多年所設計的制度。未來，他們將取消多種類型的稅金，改以「百分之一的資產」進行徵稅。這樣的方式將有利於出生清寒的家庭累積財富，相反的，對於已經擁有許多土地的大地主們來說，恐怕就沒那麼開心了。

麻雀重新解釋了這套稅制的理念，大嘴鳥聽著覺得似懂非懂。

「爲什麼這樣可以有利於清寒家庭累積財富呢？」他問。

「如果一隻鳥身在沒有房、沒有車的家庭，他唯一的收入來源就是努力工作得到的薪水，可偏偏我們的所得稅是採累進制度的，也就是說，他就算拿了高薪，每年還是有大半都交給政府。反觀不需要工作，而靠資產膨脹過日子的地主，這樣的生活壓力可是天差地遠。」

複雜的稅制不是三言兩語可以解釋的，但麻雀還是試著以簡單的方式向老朋友說明。

「所以以總資產來計算，就可以避免因資產種類不同，而有不同課稅標準的問題了是吧？」大嘴鳥試著總結他的理解。

「沒錯。」麻雀回答。

「難怪會有地主反對。」大嘴鳥恍然大悟。

「唉，大家都很容易放大自己的損失，但其實對已經擁有很多資產的地主來說，每年徵收百分之一的稅，還是比不上隨著土地價格上漲而累積的財富。反觀出生不那麼優渥的家庭，就算改成百分之一，初期的負擔還是很大。因此爲了補足這一點，我們也希望能說服政府進行房屋改革。」麻雀說。

「你想做的事情也太多了吧！」大嘴鳥驚嘆道。

「所以很需要大家一起幫忙啊！」麻雀說。

大嘴鳥腦中突然閃過播報新聞時的記憶，他說：「對了，我記得今年抽籤選上的啄木鳥議員，對房屋的議題好像有不少研究，你們有打算和他請教看看嗎？」

「哦！我有注意到他，看起來是個熱血的傢伙呢。」

麻雀說完，帶著複雜的心情看向窗外，也遙望著那充滿未知的明天。

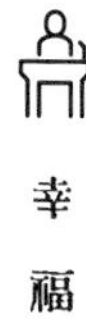

以資產爲基準的單一稅制

現今社會制度下，低收入戶出生的上班族儘管在工作上領了高薪，還是因為要繳交高所得稅而背著壓力度日，相比不需要工作的大地主，誰的財富累積速度較快，結果顯而易見，卻不公平。

以資產的百分之一作為稅金基準，並且是唯一採納條件，不再有房屋稅、土地稅、所得稅等差異。對貧困者來說，依循這樣的方式就能夠藉由努力取得高薪，而提升財富累積的速度。

公司與企業同樣也是收取資產百分之一的稅金，獲利高的公司，資產增加，股票上漲，至於虧損的公司，自然就會漸漸被淘汰。商業活動會變得簡單，也比較公平。

稅制簡化後可以省掉許多人力與時間成本，過去或許不容易執行個人資產的評估，但在電腦技術和大數據系統的運作下，將變得相對簡單。

百分之一的稅金聽起來或許並不多，但對擁有許多房產的富人來說，隨著房屋價格上漲，財富累積卻是十分快速，衍生出許多壟斷問題。反觀窮人的處境，百分之一的資產是很大的負擔，若政府能提供保障每人50平方公尺的住房不需繳稅，就能夠減少許多生存壓力。

8. 保障國民住宅

日益高漲的房價是林園當前的社會問題，儘管政府祭出許多策略，市中心的房子依然持續不斷地增加，有名無實的空屋，讓中下階層的鳥民只可遠觀，卻很難眞正擁有一套屬於自己的房子。

「我的想法是，只要政府能夠讓市場上的需求降低，房價自然就不會居高不下了。」燕子分析完房市現況，激動地說。

對面的啄木鳥陷入沉思，不久前，他剛剛經由抽籤制當上市議員，曾經身爲建築師的他，一心想爲都市更新做點實質貢獻，於是找來同爲建築業者的燕子商討計畫。

啄木鳥問：「那麼我之前關於國民住宅的想法，你覺得怎麼樣？」

燕子想了想，回應道：「我記得你是說，要讓中年的鳥民，無論經濟能力，都能擁有一套來自政府的房屋，是這樣沒錯吧？」

啄木鳥點點頭。他強調：「不是所有鳥民都對『擁有自己的房子』這件事有所憧憬，大家只是求一個安全、穩定，不會隨意遭到房東驅逐的住所，因此，提供適切的居住環境，應該是政府給予公民們的基本權益。」

「可是現在政府也很努力在蓋國民住宅，價格卻依然壓不下來，民衆負擔不起，再多的國宅也沒用。」

「所以我才想問問你有沒有什麼好方法？」啄木鳥問。

燕子露出得意的表情，他爲了這場討論，早已做了不少功課。身爲建商的他，對於房價背後的每一道程序都瞭若指掌。

他拿出一本斑駁的書交給啄木鳥，然後說：「你有讀過這本《幸福國》嗎？」

「幸福國？不就是我們國家嗎？這是什麼啊？」

「這可說是一本政治聖經呢！我前陣子意外找到的，年代十分久遠，網路上也查不太到資料，但裡頭提到許多新穎的理念，非常大膽、非常了不起，雖然也有難以實踐的理想制度，但我想這就像拋磚引玉裡面的磚頭吧。」

啄木鳥翻著那泛黃的書頁，燕子繼續說道：「所以阿，參考了這本書裡面的理念以及我多年的經驗總結，我認爲有幾個重要的要素值得參考。」

「說來聽聽。」

「首先，政府不能隨意出售土地，讓國民住宅得以建設在這些公有地上，並且不應該將土地成本列入房價計算，避免區域性的差異，也能藉此降低金額。」

「如果少了區域差異，那該如何訂定收費標準呢？」啄木鳥有些疑惑地問道。

「扣除建造成本後，我們可以以增加20%的合理利潤作爲定價，這樣還有一個額外的好處，就是藉由國民住宅來打破區域的貧富差異。」燕子回答，由於已經不存在區域地價的差別，房屋價格的差異便大幅降低了。

啄木鳥拍手叫道：「所以建商想要賺錢，就必須拿出好的設計和建築品質，來獲得民衆的喜愛，是這樣對吧？」

「沒錯！」燕子激動地附和道，「由於房

東就是政府，還款速度也可以依據該公民的收入進行調整，如此一來，無論處在什麼樣的社會地位，都可以在同樣的社區裡生活。」

他倆你一言我一語地商討著，沒發現暮色已漸漸落下，爲了越來越好的明天，他們還有好多事情要忙呢。

保障國民住宅

高漲的房價和有名無實的空屋已經造成社會極大的不平衡，因此保障人民的住屋需求亦是創造幸福國度的重要條件之一。以下幾點可作為制度的設計參考。

年齡條件：在房屋制度上，40歲以上的公民就算沒有能力擁有自己的房屋，仍有權生活在適切的居所內，這可以是如宿舍般的國民住宅，在約十平方公尺的空間中，配有簡單的床、桌椅、冰箱、電視等設備。考慮「需要」與「想要」，此舉能保障公民最低限度過生活之「需要」，如此，當一個人不願意花生命去做房奴時，就可以選擇住在這樣的國民住宅中，並將資產用於自己真正「想要」的事情上。

至於75歲（亦可設定在國民平均壽命）以上的老人，應預備一個安養院的位置，保障老年人的生活品質，也能減少子女負擔。

土地成本：在公有地上進行國民住宅的建設，且不應該把土地成本列入房價計算，建商在扣除成本後，以比銀行利息高約5%的價格作為定價，這樣的住宅成本會比起使用私有地，價格能夠低1/3至2/3，如此便能提供比較低廉的住屋予以民眾使用。

社區環境：住宅的區域應由抽籤決定，被抽到的國民不是依據當地地價或環境來繳交房屋價格，而是依據國民每月收入的1/4或1/3來作為分期付款的最低應繳金額，因此在這個以國家為單位的社區裡，會有不同收入的族群，他們唯一的差別只在於還款的速度，而不會構成地區性的貧富之別。在這樣的住宅環境中，不論這個人的職業是什麼，只要有固定收入，都不會因房屋貸款而造成民眾的負擔。

現今對有經濟困難的人來說，交通也是生活上極大的花費成本之一，這樣的架構讓他們有機會在工作地點附近居住，減少通勤的時間與費用，進而提升生活品質。

9. 社會役與留學

「你看那啄木鳥提出的房屋制度，這會危害到多少人的利益啊？他肯定會被暗中趕下台的！」晨間新聞播出時，八哥又跑來烏鴉家抱怨。

烏鴉一邊悠閒的煮著咖啡，一邊回答：「無論如何，只要這個理念宣揚出來了，未來就有機會被執行，我們幸福國的社會，不也是在這一連串的改革中，一步一步慢慢變好的嗎？」

「那也要看這個方向對不對吧？我看他啊，就是在國外待太久了，以爲直接將鄰國的政策複製貼上就有好結果，沒想過背後的運作有多少難處！」八哥滔滔不絕地說。

「總不能因爲困難就不做呀。」烏鴉說，「現在年輕一輩的有機會去國外見見世面、帶入新的想法，怎麼說都該慶幸才對！」

烏鴉看了眼不服氣的老朋友，笑著繼續說道：「而且講到這個留學制度，當初也是我們推行的呀！你現在是對自己的提案反悔了啊？」

「才沒有！社會役與留學制度，可是我任期內的得意之作呢。」八哥激動地否認。

「那你就是單純看這帥氣的啄木鳥建築師不順眼來抱怨囉？」烏鴉戲謔地說道，他知道八哥就是喜歡評論時事，沒有別的意思。

只見講不贏，八哥翻了翻白眼說：「呿！不聊那傢伙了！說到社會役，今年已經邁入第十年了耶！時間真的好快，想當初被送到偏鄉去做社區服務時，我們還很討厭彼此。」

十多年前，烏鴉和八哥分別隸屬於對立的兩個政黨，兩派人馬經常在議會上打架，某次因不小心傷到了一名老委員而受到民眾大力批評，爲了挽回民心，懲戒委員會決議讓他們到偏遠聚落進行爲期三個月的社區服務。

對養尊處優的他們倆來說，最初幾週實在很難適應，然而隨著和當地居民的互動增加，他們對小鎮的情感也更加深刻，簡單的事情都能使他們開懷，也逐漸體會到生活的不容易，並瞭解到，良善的共同合作能使大部分的事情事半功倍。

烏鴉有感而發：「那次的經驗眞的很難得，第一次見識到生活在完全不同階層的鳥民，從那之後，我對於選舉時的政策也有很大的想法上的轉變。」

「對啊，眞不敢想像以前的我會主動去撿海邊的垃圾，到異地生活，眞的會有很多心態上的不同。」八哥也對此感到認同，本來是死對頭的他們倆，也是在那次的經驗後成爲好朋友，甚至在多年後放下黨派之間的差異，一起爲政府改革努力。

「所以年輕一輩愛怎麼提就怎麼提吧！你別老找他們麻煩了！」烏鴉笑著說道。

「不！行！」八哥堅決地強調：「我就是要以老前輩、以及林園百姓的身分，睜大眼睛監督著這群傢伙，不能讓他們走歪路！所以各方意見都要被尊重！我愛說什麼就說什麼！」

「好好好，隨便你吧！」烏鴉苦笑道。他喝了一口稍涼的咖啡，爲自己身爲這個國家的一份子感到幸福，也希望社會的良善循環能一直一直持續下去。

社會役與海外留學

在幸福的國度中，人民不會將自己的主觀意識強加於他人身上，這需要開闊的胸襟和遠見，欲達到這樣的目的，政府應提供社會役與留學的機會。

社會役：社會服務役是每一個國民的義務，目的是為了讓人民到居住地以外的地方服務，試著了解其他階層和人民的生活狀態，哪怕只是清理海邊的清潔工作，或是治安巡守等簡單的事務都可以。

服役時間建議為期一年至一年半，男女皆需服役，其中包含兵役。而過程中表現優良者，更可以提供額外的公民權益優待。

海外留學：長時間待在同一個地域，容易使人產生偏狹的思想，因此在理想社會中，每一個國民最好都能擁有留學的經驗，且以三個月以上為佳。

雖然留學費用會是政府的一大考量，但對先進國家來說，可以以政府的力量在海外建立宿舍區，或與不同單位合作，節省生活開支。

而留學期間成績優異者，則可以獲得學習補貼，或是更長時間的海外學習機會。此舉不僅能增加國民見識，更能提升國家的國力。

10. 政府的格局

十多年前的某日，正在執行社區服務的烏鴉不小心迷路了，他偶然來到一處荒涼的林間空地，正在煩惱該怎麼回去時，看見一隻青鳥若有所思地站在那裡，於是上前詢問。

「請問一下，這是什麼地方？我該怎麼回到鎮上呢？」

青鳥沒有看向烏鴉，反而是對著眼前的一片荒蕪說道：「這是我們以前的廢棄物處理場，現在已經沒有再使用了。」

烏鴉有些不解，問：「那你在這裡做什麼呀？」

「我想要在這裡建造一個社會役的培訓中心與宿舍。」青鳥回答。然後轉身看向烏鴉，從他的眼神中，似乎早就知道烏鴉的身分。他問：「你願意幫我嗎？」

「社會役的培訓中心與宿舍？」

「沒錯，就像你和八哥現在正在進行的社區

服務。我希望政府能好好推行社會役，要求所有鳥民共同參與。因此在這之前，基本的活動場地與住所是必須的。」

烏鴉面有難色，答道：「但這項建設可能需要鉅額費用，短時間也看不出效果，強制要求這種事還會遭到民衆的質疑，我何必要做這種吃力不討好的事情呢？」

「因爲民衆可以小確幸，政府一定要大格局。」青鳥深深地看著烏鴉，「身爲政府官員，絕對不能短視近利，你要能判斷什麼樣的批評是指教、什麼只不過是單純的抱怨。」

烏鴉覺得青鳥的話很有道理，一時也不知道該如何答覆。

接著，他想起自己和八哥自社區服務以來的轉變，不禁感嘆道：「的確，我們當官久了，常常忘記自己應該是保護大衆安全與利益的契約執行者，而不是統治者，許多政策應該更有遠見才是。」

青鳥點了點頭說：「是啊，政府的角色應該是協助社會鋪好前路，而非單方面的掌控和支配。政府與民衆是平等的夥伴關係，要共同承擔責任義務、維護社會秩序及公共利益。只有這樣，我們才能夠實現一個更加公正、平等和繁榮的社會。」

語畢，他們一起注視著眼前那片空地，從樹葉間透出的光線讓地面閃閃發光，似乎象徵著一個全新的起點、一個更加幸福美好的未來。

還不到結束的時候

所謂的幸福國度，究竟在哪裡呢？

在政府機關的五權系統中，

獨立的監察權與司法權，使得監督政府的權限重新回到人民手中；

看似荒唐的議會抽籤制，卻是對抗地方勢力最公平公正的一套規則；

要求各部會廣納理工人才，使得解決問題的思維更加多元而踏實；

強調考試權的意義，則讓每一個人都有了翻轉命運的機會。

在生活的各種面向中，

教育的目的應該回歸到個人本身，而非成為一種階級標籤；

獎勵式的健保制度，從根本鼓勵人民追求健康，減少醫療資源的浪費；

簡化後的稅制，免除繁瑣的過程，也增加徵稅時的公平性；

有保障的房屋制度，給予人民更多選擇生活方式與環境的權利；

社會役與留學的推廣，拓展民眾的視野與遠見，讓進步的能量源源不絕。

拿起這本書，理想的日子就在不遠處了，讓我們一起努力實踐吧！

國家圖書館出版品預行編目資料

幸福國／Kyle Q Clark & Lilian Q著. --初版.--臺中市：白象文化事業有限公司，2023.7
面； 公分
ISBN 978-626-364-014-6（平裝）
1.CST: 政治 2.CST: 通俗作品
570 112005116

幸福國

作　　者　Kyle Q Clark & Lilian Q
發 行 人　張輝潭
出版發行　白象文化事業有限公司
412台中市大里區科技路1號8樓之2（台中軟體園區）
出版專線：（04）2496-5995　傳真：（04）2496-9901
401台中市東區和平街228巷44號（經銷部）
購書專線：（04）2220-8589　傳真：（04）2220-8505
專案主編　陳媁婷
出版編印　林榮威、陳逸儒、黃麗穎、水邊、陳媁婷、李婕
設計創意　張禮南、何佳諠
經紀企劃　張輝潭、徐錦淳
經銷推廣　李莉吟、莊博亞、劉育姍、林政泓
行銷宣傳　黃姿虹、沈若瑜
營運管理　林金郎、曾千熏
印　　刷　基盛印刷工場
初版一刷　2023年7月
定　　價　200元